Pebble Bilingual Books

Los relámpagos/
Lightning

de/by
Gail Saunders-Smith

Traducción/Translation
Martín Luis Guzmán Ferrer, Ph.D.

Capstone Press
Mankato, Minnesota

Pebble Bilingual Books are published by Capstone Press
151 Good Counsel Drive, P.O. Box 669, Mankato, Minnesota 56002
http://www.capstone-press.com

1 2 3 4 5 6 08 07 06 05 04 03

Library of Congress Cataloging-in-Publication Data
Saunders-Smith, Gail.
  [Lightning. Spanish & English]
  Los relámpagos / de Gail Saunders-Smith ; traducción, Martín Luis Guzmán
Ferrer = Lightning / by Gail Saunders-Smith ; translation, Martín Luis Guzmán
Ferrer.
  p. cm.—(Pebble Bilingual Books)
  Spanish and English.
  Includes index.
  Summary: Simple text and photographs explain what lightning is and how it
forms.
  ISBN 0-7368-2308-5 (hardcover)
  1. Lightning—Juvenile literature. [1. Lightning. 2. Spanish language materials—
Bilingual.] I. Title: Lightning. II. Guzmán Ferrer, Martín Luis. III. Title. IV. Series.
QC966.5.S2818 2004
551.56'32--dc21   2003004023

Editorial Credits
Martha E. H. Rustad, editor; Timothy Halldin, cover designer; Patrick Dentinger,
  interior designer and cover production designer; Michelle L. Norstad, photo
  researcher; Eida Del Risco, Spanish copy editor

Photo Credits
Dembinsky Photo Associates/H. Binz, cover; Stephen Graham, 1; Mark A. Schneider,
  4, 14; Richard Hamilton Smith, 6; Unicorn Stock Photos/Aneal Vohra, 8; Joel
  Dexter, 10, 12; Betts Anderson, 16; James Fly, 18; D&I Mac Donald, 20

Special thanks to Ken Barlow, chief meteorologist, KARE-TV, Minneapolis,
Minnesota, and member of the American Meteorological Society, for his help in
preparing the English content of this book.

Table of Contents

What Lightning Is. 5
Kinds of Lightning 11
Thunder 17
Glossary 22
Index 24

Contenido

Qué son los relámpagos. 5
Tipos de relámpagos 11
Los truenos. 17
Glosario. 23
Índice. 24

Lightning is a very bright flash of light in the sky. Lightning is made from electricity. Electricity is power. Electricity makes machines and lights work.

Los relámpagos son destellos muy brillantes de luz en el cielo que están hechos de electricidad. La electricidad es fuerza. La electricidad hace funcionar las máquinas y produce la luz eléctrica.

Lightning happens during storms.
Storm clouds carry rain and pieces
of ice. The pieces of ice start moving
fast. They stir up electricity in the
clouds. The electricity becomes
stronger. Then lightning flashes.

Los relámpagos ocurren durante las
tormentas. Las nubes de las tormentas
llevan lluvia y pedacitos de hielo.
Los pedacitos de hielo se mueven
muy rápido. Al agitarse producen
electricidad en las nubes. La
electricidad va cobrando más fuerza.
Entonces los relámpagos destellan. 7

Lines of lightning are bolts.
Lightning bolts are about one inch
(2.5 centimeters) around. They can
be 6 to 10 miles (9.7 to
16.1 kilometers) long. Lightning
moves at up to 60,000 miles
(96,600 kilometers) each second.

Las líneas de los relámpagos son
los rayos. El grosor de los rayos
es de más o menos una pulgada
(2.5 centímetros). Pueden medir
de 6 a 10 millas (9.7 a
16.1 kilómetros) de largo. Los
relámpagos se mueven hasta
60,000 millas (96,600 kilómetros)
por segundo.

Chain lightning shoots from a cloud toward the ground. The bolt comes down in a crooked line. Sometimes it breaks into many bolts.

Los relámpagos en cadena son los que salen disparados de una nube hacia la tierra. Los rayos bajan en líneas torcidas. Algunas veces se dividen en muchos rayos.

Chain lightning sometimes hits the ground. But the bolt from the cloud only comes down part of the way. It makes another bolt of electricity come up from the ground. The bolt from the ground meets the bolt from the cloud.

Los relámpagos en cadena algunas veces pegan sobre la tierra. Pero el rayo de la nube sólo baja una parte del recorrido. Y forma otro rayo que sube desde la tierra. El rayo de la tierra se encuentra con el rayo de la nube.

Lightning does not always shoot toward the ground. Lightning can happen inside a cloud. Lightning also can happen between two clouds.

Los relámpagos no siempre se dirigen hacia la tierra. Los relámpagos pueden ocurrir dentro de las nubes. Los relámpagos también pueden ocurrir entre dos nubes.

Lightning is very hot. It makes the air around it hot too. Thunder is the sound of lightning heating the air. Thunder sounds like a crash if the lightning is close.

Los relámpagos son muy calientes y calientan el aire a su alrededor. Los truenos son el sonido que hacen los relámpagos al calentar el aire. Los truenos suenan como un choque cuando los relámpagos se encuentran cerca.

Sometimes lightning is far away. Then thunder sounds like many booms. The heat from the lightning makes the first sound. Then the sound bounces all around. People hear the sound over and over.

A veces los relámpagos ocurren muy lejos. Entonces los truenos suenan como cañonazos. El calor de los relámpagos provoca el primer sonido. Entonces el sonido rebota por los alrededores. La gente oye el sonido una y otra vez.

People usually see lightning first. Then they hear thunder. The light and sound really happen at the same time. The light travels faster, and the sound travels slower.

Generalmente, primero se ve el relámpago. Después se oyen los truenos. En realidad la luz y el sonido ocurren al mismo tiempo. La luz viaja más rápido, mientras que el sonido viaja más lentamente.

Glossary

bolt—a line of lightning coming out of a cloud

crash—a sudden, loud noise

crooked—bent

electricity—power that makes machines and lights work

flash—a bright light that happens for a very short time

shoot—to move quickly from one place to another

storm—weather with heavy rain and wind; sometimes storms have lighting and thunder.

thunder—the sound made when lightning heats the air

Glosario

rayo (el)—línea torcida que produce el relámpago al salir de la nube

choque (el)—ruido repentino y fuerte

torcido—doblado

electricidad (la)—fuerza que hace funcionar la maquinaria y produce luz

destello (el)—luz muy brillante que dura muy poco tiempo

disparar—moverse rápidamente de un lugar a otro

tormenta (la)—tempestad con mucha lluvia y viento; algunas veces las tormentas son con truenos y relámpagos.

trueno (el)—sonido que hace el relámpago al calentar el aire

Index

air, 17
bolt, 9, 11, 13
booms, 19
centimeters, 9
chain lightning,
  11, 13
cloud, 7, 11,
  13, 15
electricity, 5, 7, 13
flash, 5, 7
ground, 11, 13, 15

heat, 17, 19
ice, 7
inch, 9
kilometers, 9
light, 5, 21
lightning, 5, 7, 9,
  15, 17, 19, 21
line, 9, 11
machines, 5
miles, 9
people, 19, 21

power, 5
rain, 7
second, 9
sky, 5
sound, 17,
  19, 21
storm, 7
thunder, 17,
  19, 21
time, 21

Índice

aire, 17
calor, 19
cañonazo, 19
centímetros, 9
cielo, 5
destellan, 7
destellos, 5
electricidad, 5, 7
fuerza, 5, 7
gente, 19
hielo, 7
kilómetros, 9

línea, 9, 11
lluvia, 7
luz, 5, 21
máquinas, 5
millas, 9
nube, 7, 11, 13,
  15
pulgada, 9
rayos, 9, 11, 13
relámpago, 5, 7,
  9, 15, 17,
  19, 21

relámpago en
  cadena, 11, 13
segundo, 9
sonido, 17, 19, 21
tiempo, 21
tierra, 11, 13, 15
tormenta, 7
truenos, 17,
  19, 21